JN439814

한 물고기가 한 사람을 바라보는 오후

안이삭 시집

시인동네 시인선 015

안이삭 시집

한 물고기가 한 사람을 바라보는 오후

시인동네

시인의 말

열 살 즈음
자전거 타는 연습을 하다가
마당가에 있는 항아리를 깨트린 적이 있다.

아무도 모르게 감추고 싶었지만 불가능했다.
항아리 파편 위로 겁먹은 시간이 더디게 지나가는 동안
나는 어찌할 바를 모른 체 끈적해진 손바닥만 비비고 있었다.

밭에서 돌아온 엄마한테 등짝을 몇 대 얻어맞고 나서야
비로소 울면서 불안에서 빠져나올 수 있었다.

지금의 심정이 딱 그렇다.

2014년 여름
안이삭

한 물고기가 한 사람을 바라보는 오후

차례

제2부

제3부

제4부

제1부

꽃잎

비산 사거리에서
서울 방향으로 급하게 좌회전하는 승용차 한 대
기우뚱 오른쪽으로 차가 쏠리면서
언제부터 거기 있었을까 목련꽃 이파리 서넛
지붕 위에서 떨어진다

차창 밖으로 내민 손
흩어지는 담배 연기

제 삶에 꽃잎 하나 얹혔던 줄도 모르고

그 꽃잎 영 떠나는 줄도 모르고

각종 구름 팝니다

그 가게
나도 가본 적 있다
멕시코 모자 타고 태평양 건너는 꿈을 꾼 날
참지 못하고 달려갔다
“멕시코모자구름주세요”

그는 마법사였다
겨우 혼자 앉을 만큼 작은 가게에서
수천 가지 구름을 관리하고 있었다
미친 여자가 와서 시간구름을 달라고 했을 때
딱 한 번 이맛살을 찌푸린 것 말고는
조금의 망설임도 없이 손님이 원하는 구름을 내어주었다
그마저 아무도 몰래
더 위대한 마법사의 주소를 자세하게 일러주었다는 후문이다
내 앞의 여자는 대용량 밥솥구름을 원했고
그 앞의 남자는 빨간색 넥타이구름을 사갔다

포장지 안에

자기가 원하는 구름이 들어 있다는 걸 의심하는 사람은
구름을 가질 자격이 없는 사람이다

멕시코 모자구름을 손에 넣는 순간
멕시코 모자 타고 태평양 건너
남미의 뜨거운 먼지바람에 휩싸인 듯
가슴이 두근거리는 것은 당연한 증상이다
얇은 포장지 안쪽에서
쉬지 않고 뭉쳤다가 풀어지는 구름의 움직임은 너무 뜨거워서
가끔 지울 수 없는 화상으로 남기도 하지만
그것이야말로
구름이 가까이 있었다는 증거

포장지를 뜯고 구름이 빠져나가지 않도록 붙드는 일은
마법사의 책임이 아니다
어쩌다가 운 좋은 사람은
구름이 흩어지기 전에 붙잡기도 했다지만
너무 조심스러운 나머지 뒷일에 대해서는

소문으로조차 들리지 않는다

종로3가 지하도 계단 끝
오늘도 마법사는 주름 깊은 얼굴로
구름이 빠져나간 뒤 버려진 포장지들을 쓸어 담는다

나, 연꽃 보러 간다

장마 지나고
햇빛도 사나운 날

두메부추 지쳐 노랗게 시들고
덩달아 늘어지는 시외버스 타고
나,
겹겹의 반달 아릿아릿 붉은
연꽃 보러 간다
기세등등 시퍼렇게 살 오른
연잎 보러 간다
미륵사탑 흔들다가
푸드득 연잎 뒤채게 하는
나,
바람 보러 간다

세실카페 옆 고양이

여자가 가진 것은
하얀 벽에 기대어둔 햇빛뿐이다

처음 보았을 때 여자는
벽에 기대 앉아
햇빛의 털을 고르고 있었다
두 번째 보았을 땐
햇빛의 갈비뼈를 퉁기고
햇빛의 발바닥을 핥아주고 있었다
세 번짼 오래된 햇빛을 꺼내어
때 묻은 소매로 닦고 있었다

여자는 자주 웃는다
자주 웃으며 이야기한다
반짝이는 나뭇잎에 귀를 문지르는 여자의 말상대는
햇빛이다

오늘도 여자는 길 위에 있다

지난밤 무슨 일이 있었나
누가 겁 없이
건들거리며 여자의 거처를 침범했나
날카롭고 무거운 노랫소리가
곧장 여자의 무릎으로 떨어져 꽂힌다

세실카페 모퉁이 저 끝에서
흥분한 바람이 펄럭이고 있고
1억 5천만 킬로미터를 달려온 햇빛은
마침내 여자의 머리카락에 닿아
"괜찮다, 괜찮다" 미끄러지고 있다

구두

열두 켤레의 구두가 있다
열두 갈래의 길들이 순례의 방 앞에서 멈추었다
구면인 구두들이 과묵하게 아는 척을 한다

아침부터 끌려다니던 길을 구두에게 맡기고
발은 기도 중이다
길과 발 사이
종잇장같이 위태로운 경계도 잠시 풀어지는지
구두들이 평화롭다, 쉬는 동안에도
하루 종일 품고 다니던 발을 벗어나지는 못하는 듯
발의 부피와 넓이를 고스란히 되새김질하고 있다
바람이 불면 덤덤한 흙먼지가 슬쩍 일어날 뿐
무관심하던 길들이
날카로운 가시나 사금파리를 감추고
부드러운 맨발을 노리고 있다는 것 구두는 안다
온몸으로 발을 싸안은 채 상처를 받아내면서
기다리는가
돌이킬 수 없는 일격!

>

구두가 가지 않아도 되는 길은 없다

기도를 끝낸 열두 쌍의 발을 안고
열두 켤레의 구두가
열두 갈래의 길로 흩어진다

천지에서 하룻밤

1

홍해를 갈라 길을 냈을 때도
이렇게 장엄하지는 않았겠다
자작나무, 상수리나무 우거진 사이로
백두산 호랑이 한 마리 내다보겠다

우리는 산으로 간다
산에서
최초의 여자가 태어났으니

2

안개를 끌어다 얼굴을 가리거나
우박을 쏟아 길을 지우는 산
한밤중 오줌 누러 나갔다가
우연히 보았다
천지에 씻어 건진 달을
서쪽으로 한 뼘씩 밀고 가는 모습

거친 숨소리 우르릉거리며
산의 늑골이 들썩인다
두려워 납작 엎드린다 나는
용틀임 한 번이면
저 밑 이도백하 찬물에 떨어지겠다

3
여기는 구름의 진원지
오래전 사라진 시조새와
고구려대왕릉 지키는 청룡이 몰려와
발아래 자욱이 뒤덮였다
수목한계선 겨우 넘어선
담자리꽃나무, 노랑만병초 이파리에
맺힌 땀방울
이제 곧 해가 뜨겠다

통성명

너의 이름을 제대로 불러야겠다
징검다리 건너다가
물억새 그늘 흔드는 작은 소요
반갑다, 피라미!

이쯤에서 가만히 서 있으마!
새끼손가락만 한 몸 구석구석 새겨진 팽팽한 경계
세상에서 제일 무서운 것이 사람이라고
어미의 어미 또 그 어미의 어미가 가르쳤구나

이 넓은 우주
홀씨 하얗게 날리는 봄날
한 물고기가 한 사람을 바라보는 오후

나지막이
내 이름을 일러주었다

귤껍질

서랍 밑바닥에서 나온,
오래되어 파삭거리는,
접혀진 부분이 잘 펴지지 않는,
겨우 형태를 유지하고 있는,

한때 물의 성이었다
톡톡 터지면서 이빨 사이에 박히던 문장과
발자국마다 웅덩이가 패던 설렘 위로
우체국 소인 새파랗다

배꼽 간지러운 봄날
햇볕 닿은 자리마다 터지던 귤꽃

껍질은
사라진 알맹이에게로 순간이동 하는 통로

연애편지

우리의 오해는 참 오래된 것입니다
봄이었어요
짙은 황사 끝에 비가 내려
온 세상이 누렇게 얼룩져 흘러내렸죠
당신의 검지손가락이
잠든 나를 갈피갈피 깨워 읽는 사이
당신의 눈, 이마, 머리카락에 내가 물들어가는 것
어쩌지 못했습니다
따뜻한 손바닥이 쓰다듬는 결을 따라
분명하게 드러나던 상처조차도
뿌듯이 견딜 수 있었지요
당신이 떠난 뒤에도 비는 그치지 않아
영문도 모른 채 오랫동안 젖어 있었지요
허리가 꺾여
그 봄날에서 한 발짝도 넘어서지 못하는 동안
당신은 여름을 지나고
가을을 지나고
이제 막 겨울에 들었다는 소문입니다

그리고 나를 속속들이 다 읽어버린 듯
아주 잊고 지낸 날도 많았다지요
아직도 당신을 기다립니다
덜컹덜컹 시간이 나를 밟고 지나가지만
언제라도 당신이 돌아오면
다시 비 오는 오후를 건너갈 것입니다
용서 없이도 목련꽃 환할 것입니다

소심한 외계인을 만나다

약속 시간보다 30분이나 일찍 도착한
충무로역 4번 출구
어슬렁 낯선 골목들을 기웃거려보는데
사람 길이나 물길이나 다르지 않아
큰길을 거슬러 오른 곳에 작은 골목이 있고
높은 곳에서 시작한 길은 낮은 곳으로 흘러간다
충무로 그 번잡한 대로 뒤쪽이
느리게 보폭 다스리고 있는 모습 대견하기도 하고
반듯한 길들에 치여 왜소해진 것 안타까워
오래된 골목 구부러진 골목 가파른 골목들을
사진기에 담고 있는데 누가 다가와 묻는다
무얼 찍으시냐고

아까부터 이상하기는 했다
검정 세단 하나가 나를 신경 쓰는 듯했다
까맣게 선팅 된 차 안에서 나를 겨냥하는 듯했다
하지만 왜
이 거리에는 사진기 든 관광객도 많은데

>

내게는 그저 간직하고 싶은 골목들일 뿐인데
저 속에 들키고 싶지 않은 무엇이 있나
고장 난 우주선이라도 숨겨놓았나
검은 양복 위에 검은 코트를 걸친
덩치 좋은 저 남자

한없이 게으르게

티브이를 끈다
아주 잠깐의 정적을 깨고
시계 초침 소리가 방의 모퉁이에서부터
대각선을 그으며 저벅저벅 걸어온다
그림자같이 엎드린 나의 등을 잔인하게 짓밟는다
아프다
다시 티브이를 켠다
세상이 점점 무채색으로 변해가는 것과
저 티브이 속의 현란한 색깔은
아무래도 무관하지 않은 것 같다
그들의 세계는 무슨 힘으로 굴러가는지
감탄스러운 생기를 물끄러미 바라보고 있는 동안
바람이 늘어진 집을 부풀려보다가 빠져나간다
의식의 바깥에서 시간은
더 이상 나를 데리고 가기 싫어졌다는 듯
발소리를 죽이고 멀어진다
내게 조금 남은 물기가 말라간다
마른번개가 무기력에 빠진 아파트 21층을 겨냥하는지

흔들, 어둡던 하늘이 자지러진다
한없이 게으르게 뭉개지고 있는 낮 열두 시
후드득 비 들어오고
수천 송이 다닥다닥 맺힌 행운목 꽃망울들
환한 꽃등 언제 밝혀 들까
암중모색 중이다

날기 위한 조건

짐승 발자국 발견!
(발바닥의 앞쪽이 더 깊게 패인)
상승을 꿈꾸는지
가끔씩은 뒤꿈치가 없는 다섯 발가락만의 발자국!
발톱의 흔적이 없다
이 짐승은 평화주의자인가보다
길게 이어진 발자국의 보폭을 따라 걷는다

새들이 해안을 걷다가 날아오르는 지점
소나무 그늘에서 연인들이 입을 맞춘다
새 발자국이 콕콕 찍히다가 사라졌다
두 개의 발은 날기 위한 조건 중 하나였을까!

분홍 꼬리가 팔랑거리는 저 조그만 짐승이
발자국의 주인
어린 짐승은
태초의 습성을 완전히 잊지는 않았는지
자주 두 팔을 버둥거린다

>

어린아이가 소리치며 눈물을 흘리는 데는 이유가 있을 것이다
내가 꿈속에서 날아다니는 것도 이유가 있을 것이다

가을

은행나무
가지가지에서
수백 마리 황금나비
지금 막
지상으로

내려앉는 중

아주 오래된 그림

밭갈이하는 어미 소 오른쪽 옆
한 발짝 뒤
졸랑졸랑 따라가던 갓 난 송아지
밭고랑 가에 생뚱맞게 솟아 있는
새끼손가락보다 가는 어린나무에 막혀
잠깐 주춤하는 사이
몇 발짝 앞서가는 어미를
서둘러 쫓아가던
봄날

신춘세차장

잠시 동안
둥근 공기주머니에 싸여 물속으로 잠겨든다
그것은 수천의 촉수를 세우고 달려든다
이 공기주머니가 터지면
저들의 밥이 되리라
나는 입안의 사탕처럼 그것의 혓바닥 위에서 미끄러진다
숨이 막힌다

한때 아가미를 뻐끔거린 적도 있었다
오래전 어머니 뱃속에서도 난
어디로든 미끄러지고 싶었으리라
미끄러진다는 것은
지금을, 지금이 힘껏 밀어냄으로써 가능했을 터
(최초로 밀어낸 것이 어머니였다니……)
그때의 속도를 거스르지 못하고 나는
아직도 미끄러지고 있을 것인데
끝까지 데리고 갈 수 있는 것은 많지 않아서
가장 가까이 있는 것들을 뿌리치며 나아온 지금

나를 완성시킨 것들은 까마득히 멀어져 있다

몸에 남은 물기를 누가 거친 수건으로 닦는다
첫날처럼 다시 깨끗해진 세상으로 미끄러진다

우기

나의 어깨는 피아노 건반이라 하고
그대의 손가락이 연주를 시작했다고 하고
노래를 못하는 나는
유리구슬 하나씩 뱉어낸다 하고

돌아눕다가 엎어지다가도 결국 일어서는 것을
뿌듯이 기쁨이라 하고
온몸을 진저리치며 그대를 보내는 것은
너무 무거워서라 하고
비가 너무 잦아 꽃이 안 필 거라는 소문 같은 거
나는 안 믿는다 하고

잠깐 비 그친 하늘
둥글게 끌어당겨 품은 물방울
연잎 푸른 잎맥 따라 구른다 하고

제2부

산에서 잠들다

장엄한 노을 물러가고
오솔길 끝에 별이 총총 걸렸더니
깜빡 잠든 사이
무섭게 비 들이치는 소리
뒷산 나무들 누구에게 머리채를 잡혔는지
이 앙다물고 내둘리는 소리
저녁 내 발밑에서 자근자근 부드럽던 흙들
놀라 퉁겨져 오르는 소리

생가지 뚝뚝 부러지겠네
낮에 본 동백 다 떨어지겠네
산 아래 길 지워지겠네
이불 덮고 누운
세상에 단 하나뿐인 방
아무 데도 못가고
저 비 그칠 때까지 기다리다가
색 바랜 탱화처럼 발 묶이겠네

섬

같이 부서지자고
곤두박질치는 한이 있어도
높이 한번 솟구쳐보자고
끊임없이 유혹하는

그대
오늘도 돌아서라 그리고
거부당한 노여움으로
다시 부딪쳐오라

새벽, 대흥사

넘칠까봐
늘 위태로웠지
몇 개의 뼈와 가죽 안쪽에서
오랫동안 찰랑거리던 것
가끔씩 햇빛에 널어
꾸덕꾸덕 말라가는 것도 같았지만
잠깐 잦아들 뿐 다시 찰랑거리곤 했지
바람이 급하게 구름을 몰아가고
개울물 독경 소리 흘러가는 동안
내 귀가 듣지 못하는 말 있었는지
들고 있던 것들 그만 내려놓고 싶어지데
낮아지고 낮아져서 그만
이마를 바닥에 대고 말았는데
주머니 속에서 때를 놓친 씨앗 한 알
오랫동안 잊고 지낸 작은 물고기
이런 하찮은 것들이 흘러나오데
돌멩이 적시며 개울로 스며들데

태풍

누가
지구의 뿌리를 흔드는가
뽑히지 않으려고 몸부림치느라 이렇게
덜컹거리며 요란스러운가
오늘 같은 날은 가만히 들어앉아
저 천둥과 번개가 지나가기를 기다릴 것
매미가
이제 안전하다고 목청껏 소리 지를 때까지

능소화

익을 대로 익어 담장 너머 내다보는 저 여자
어쩌자고 배시시 웃기조차 하는지

지나가던 사내
쳐다본다
가다가 또 돌아본다

탁족

소나기 우르르 지나간 후
청계산 계곡에 발을 담갔습니다
가끔 이곳까지 와서 데이트를 즐겼다는 김 선생의
십 년도 더 지난 연애가 오늘의 화젭니다
여자의 이름이 아직도 선명해
손바닥으로 가둔 피라미의 입질처럼 간지럽습니다
계곡물 굽어 흐르는 판판한 바위가 아지트였다나요
왁자하게 지나간 연애를 참견하며
발톱에 주황색 물을 들인 윤 선생도
종아리가 하얀 최 선생도
시원하게 웃습니다
조금 위쪽에 자리 잡은 이 선생의 목소리는
너무 낮아서 들리지 않고
간간이 보이는 미소만으로 말을 거듭니다
우리는 발만 씻는 것이 아쉬워서
공연히 물장구를 치며 서로의 몸을 적십니다
가라앉아 있던 마른 잎 조각들이 지느러미를 달고
막 바다를 향해 출발합니다

오늘따라 김 선생의 얼굴이 붉습니다

한곳에 모이는 것은 쉽지 않군요
그럼 단체 사진 촬영은 하지 않겠습니다
각자가 원하는 포즈를 취하시기 바랍니다
아, 굳이 카메라를 의식할 필요는 없습니다
알아서 적당히 찍겠습니다

강변 산책

습관적으로 서쪽을 향해 앉아요
습관적으로
서쪽을 바라보고 있으면
가슴에서 썰물이 빠져나가요
지루한 기다림으로 딱딱해진
아침이 쓸려나가고 정오가 쓸려나가고
조금만 바람이 불어도 펄럭거릴 만큼 텅 비어요
가끔씩
고래 떼가 나타나요
그럴 땐 수면이 온통 시커멓게 출렁이죠
그 장관을 오랫동안 바라보고 싶다면
육지의 언어로 말을 걸면 안 돼요
놀랍지도 않은 척 무심해야 해요
종아리까지만 겨우
해독 불능의 언어가 닿는 것이 감질나더라도
참아야 해요
졸린 척 가늘게 눈을 뜨고
나, 조금씩 그들의 유영에 접근해요

내 갈비뼈 근처에서 문득 아가미가 불룩거리더라도
절대로 비명은 지르지 않을 거예요
중요한 것은 텅 비어야 한다는 거죠

낮달

장마 중
잠시 빼꼼한 하늘
새소리 짜랑짜랑하다
이 장마 끝나면
제대로 시작될 공사판의 경계선쯤
건너편 공원을 향해 반쯤 몸 기울인
잔뜩 기죽은 수양벚나무
걱정이 깊은지
관절 마디마디 축축 늘어졌다
곤줄박이 두 마리
날며 지저귀며 호들갑스럽고
창호지 같은 낮달
멀다

간월암 사철나무

혹
바람 사나운 날은
더러 무서운 생각도 드는지
너무 가깝지 않게
너무 멀지도 않게
밀물 썰물 드나들도록
한 발짝 건너
거기

사철나무 한 그루
해 지는 쪽으로 휘어졌다

낯선 어깨

젖은 머리 맨얼굴의 아가씨가
옆자리에 앉자마자
동그랗게 웅크린 몸을 기대온다
달캉달캉 흔들리면서
잔잔히 건너오는 숨결
지하철은 신도림역을 지나고
영등포역을 지나고
일없이 슬퍼지는 저녁을 지난다
가끔씩은 이렇게
모르는 이에게
내 전부를 기대기도 하는 것
모르는 이의 노곤한 어깨를
받아주기도 하는 것
몇 정거장
낯선 온기를 떼어놓고 일어난다
화들짝 눈을 뜨고
안쓰럽게 허리 세우는
아이를 두고

까치집

까치 한 마리
제 키보다 더 큰 나뭇가지 물고 날아가는 것
참 대견해
가던 길 멈추고 오랫동안 바라보고 섰는데
그놈, 하필 전신주 위에다가 주춧돌을 놓는다
뽀얀 알전구 같은 목련 봉오리 뾰족뾰족 터진
시장 길
부산스럽게 오르내리며 집짓기에 열심인 까치 두 마리

그 눈부신 날갯짓이라니……

봄답지 않게 연사흘 비 쏟아지던 중
씻은 듯 말간 전신주 꼭대기가 허전하다
까치들도 없다
그새 누가 다녀갔나보다

초록방울 제사장

오늘 바람의 말씀은
어느 쪽으로 강림하실까
사내는 눈을 감고 귀 기울여보거나
손바닥 들어 허공을 쓰다듬어보기도 하다가
서쪽으로 사람의 손이 닿지 않는 곳에
대나무 제단을 높인다

바람의 말씀을
오류 없이 경청하기 위해 중요한 것은 대나무 제단의 각도
말씀은 언제 소나기처럼 후드득 쏟아질지 알 수 없는 것이어서
땅에 내리지도 않고 스치듯 날아가 버릴지도 모르는 것이어서
사내의 자세는 치밀하고 경건하다

온몸을 햇빛으로 세례 받은 초록방울 제사장이
아슬아슬 대나무 제단 끝에 모셔진다
초록방울 제사장의 임무는
바람의 말씀을 번역하는 일
이쪽과 저쪽의 팽팽한 경계를 투명한 주먹으로 두드리는 일

>

바람을 숭배하는 것은 오래된 종교다
오래전 도시를 떠난 아버지가
맑은 술 한 잔을 부어놓고 말이 없던 그곳도
대나무 제단 앞이었다
바람의 말씀에 기대어 하얗게 늙어가던 아버지가
마침내 떠난 곳도 바람의 나라였다

차가운 강물에 손을 씻고
사내는 기다린다
바쳐질 제물은 오직
끈질긴 기다림뿐이었으므로

소나기

걸어서 바다에 닿는 일
바라보다가 돌아오는 일
지금 내가 할 수 있는 일은 이것뿐입니다

강의 길이만큼 실을 풀었다가
다시 강의 길이만큼 되감았으므로
결국 내가 한 일은 아무것도 없습니다
무수히 풀었다가 감기를 반복하면서
보풀이 일듯 켜켜이 저장되는 기억들
봄까치꽃 피었다 지고
노랑붓꽃 피었다 지고
하늘말나리 피었다 지고
부용화 피었다 뚝뚝 떨어지고
모두 피었다가 졌으므로 남은 것은 없습니다
무슨 영문인지 뱀이 하얗게 말라 죽어 있기도 했지만
그 또한 곧 사라졌습니다

오늘 집을 나서기 전

또 자라난 발톱을 깎았습니다
갑자기 거칠게 소나기가 쏟아집니다
아직 남은 얼룩들이 말끔히 지워지겠습니다
어릴 때라면 서둘러 집으로 돌아가거나
다리 밑에서 잠시 비를 피하겠지만
이제 젖은들 어떻겠습니까
지금 아니면 또 언제 젖겠습니까

이렇게 오랫동안 걷는 일이
매미가 우는 울음의 길이나
잠자리가 날 수 있는 하늘의 높이에
티끌만큼이라도 영향을 끼쳤다면
부디 용서하십시오

오후 네 시

발소리가 내 나른함을 철컥철컥 밟고 지나간다 언제 왔는지 격자무늬의 햇살이 선명하다

벌써 하루의 절반이 지나버렸고 사람들은 모두 허벅지쯤까지 푸른 물이 올라 있고

아주 느리고 게으르게 일어나 차를 마시고 신문을 보고 막 가슴께까지 물이 올라 뾰족이 움을 틔우는 사람들을 내다보다가

그렇게 끝나버렸다면 그런대로 평화로운 하루였다고 말할 수 있었을까

샤워기 꼭지 쏟아지는 물 아래 머리는 얼음 조각처럼 투명해지고 살갗 속 깊숙이에서 튕겨져나오는 아우성

주저하며 주저하며 화장을 끝낸 오후 네 시 문밖엔 짙은 초록의 잎사귀들이 소란스럽다

저녁 예불

날짐승
산짐승
물짐승
안부 다 묻고 나서야
그대 안부 묻는다
인사는 길고 무거워
부르르 우는 범종 소리 멀다
보리수 잎사귀 대구(對句)도 만만찮다
언제 나왔는지
별 하나 초롱하니
내려다본다

낚시

미끼 하나 던져줘
그리고 조금 기다려
본척만척하다가도 끝내는
그 탐스런 미끼를 모른 척할 수 없을 테니
목구멍에 삼킨 미늘은
죽음으로밖에 뱉을 수 없으므로
발버둥치기도 하겠지만

긴 시간
그냥 강이었다가
강 속의 물고기였다가
불덩이 같은 미끼를 물고서야
팽팽하게 세상에 맞서보는 거지
비로소 내 이름으로 뜨겁게 살아보는 거지
강가
등껍질이 벗겨지도록 서 있는 나에게 누가
미끼 하나 던져줘

제3부

물 한 바가지

한 닷새 집 비운 사이
행운목 꽃망울 통통 부풀었다
혼자 애쓰느라 핼쑥해진 어깨
물 한 바가지 떠다 주고도
오랫동안 미안하다

곡선에 절하다

산골 하라는 것이
우리 아버지 돌아가실 때 유언이었어요
사남매 훌쩍거리며 갑론을박하다가
결국 유언대로 했는데요
무슨 때마다 너무 서운한 거 있죠
동화 속의 그 개구리가 자꾸 생각나는 거예요
지지리 말도 안 듣다가
물가에 묻으라는 말은 곧이곧대로 들어서
비 올 때마다 울었다는…….
지난 추석에도 거기 가기는 갔는데요
아버지 저 왔다고 안녕하시냐고
저도 잘 살았다고 인사하고 싶은데
어느 쪽으로 이마를 향해야 할지 참 막막하더라구요
아버지 맘대로 해서 좋으시냐고 어깃장을 놓다가
아무 데나 엎푸러졌는데요
내가 앉은 자리도 둥그렇고
마주 보이는 산봉우리도 둥그렇고
혼자된 엄마도 점점 둥그렇게 늙어가는데요

>

노란 국화가 예뻐요
황 선생은 좋겠어요
길 막힌다고 투정 부리며 찾아갈 엄마 집이
양지바른 자리에 둥그렇잖아요

스냅숏
—하루

여섯 시 알람 소리 듣고 일어나다.
아침 준비를 하는 사이 들여다본 어항,
유유히 헤엄치고 있는 녀석들이 기특하다.
오전 내내 한기와 열기 반복,
지난밤 얇은 옷을 후회해봐도 소용없다.
시청 앞 광장, 시들어버린 노랑꽃창포 앞에서 전화를 한다.
'인생이 참 단순하게 요약되더군'
4호선 서울역, 지하철 하나를 그냥 보낸다.
껌 한 통을 건네고 천 원을 받은 남자가 허리를 숙인다.
아파트 모퉁이에 때죽나무꽃,
쳐다보지도 못한 사이 하얗게 쏟아져 있다.
관리비 고지서 꺼내오다.
부재중 전화를 확인하고 새로 온 메일을 읽는다.
빨래를 하고 음식물 쓰레기를 버린다.
감자 껍질을 벗기다 말고 이불을 뒤집어쓰고 눕는다.
머리가 아프고 눈앞이 흐리다.
식구들은 아무도 돌아오지 않았다.

돌아간다는 것

어릴 적
해 지고 오소소 찬바람 불면
창문마다 따뜻하게 불이 켜지면
집으로 돌아가야 할 때

동무들 하나둘 돌아가고
미끄럼틀 그네 타기도 심드렁해지는 놀이터
애써 만든 모래성 두고 가는 것 아깝지만
그만
집으로 돌아가야 할 때

옷에 묻은 모래 탁탁 털어내고
손톱 밑 흙먼지까지 깨끗이 씻어내고서야
앉을 수 있던
김 모락모락 오르는
엄마의 밥상 앞

여자가 운다

여자가 운다
팔차선 도로 옆
21층 아파트
겨울이 지나고 한참까지도
꼭꼭 닫혀 있던 문들
이제 겨우 하나둘 열리기 시작했는데
이 집에서 저 집으로
더러 바람이 드나들기도 했는데
무슨 일일까
밤 열두 시가 가까워오는 시간
덤프트럭 달려가는 소리
폭주족 오토바이 소리 밑으로
끊어질 듯 끊어질 듯 이어지는 울음소리
엘리베이터에서 마주친 그 여자일까
주차장에서 본 그 여자일까
낮 동안 버리지도 삼키지도 못하다가
더 이상 참을 수 없어
이 시간

거대한 콘크리트 벽들 사이에서
오랫동안 토하고 있다

은행나무

유독 한 그루만
성급하게 물들었다
성급한 나무를 사이에 둔
양쪽의 나무는
희한하게 곁고 있는 쪽의 어깨만
노랗다

지난여름
유난히 새들 많이 품던 나무
새소리 어찌나 왁자하던지
무성한 잎 안쪽이
궁금해지던 나무

살모사

잘 들여다봐
이렇게 깊은 색깔은
흔하게 볼 수 있는 것이 아니거든
청자의 비색이나 분청사기의 오묘한 회색에
비할 바가 아니라고
고개 돌리지 말고 머리부터 꼬리까지 죽 훑어봐
봉안기(奉安記) 한 구절쯤 읽을 수 있을 텐데
죽이거나 죽거나
사는 동안은 독하게 살아야 한다는 명문이
상감되어 꿈틀거리고 있을 텐데
차갑게 이어지는 계보에
위선이나 엄살의 유전자는 없어
앞만 보고 고집스럽게 가다가
때가 되면 그냥 죽는 거지
죽였던 것처럼 죽임을 당하는 거지
그래서 또 새로운 사리장엄(舍利莊嚴)이 완성되는 거지

목욕

군자란 이파리 사이에
밥알 같은 꽃망울 송송 맺혀
나갈까 말까 망설이는
아직 바람 매운 일요일 한낮
오래된 집 떠메고
자맥질해 가는 소리
찰박찰박 물질 소리

빗소리

아버지 오셨다
자식들 못 미더워 오셨다

살 만해지고 나서도
어린 새끼들 헐벗고 굶던 걱정 못 버리고
"밥 많이 먹었냐
옷 뜨시게 입었냐"
하시던

문지방에 한 손 짚은 엄마는
설마 아버지 오신 줄은 모르고
"귀에서 자꾸 소리가 나
밤이고 낮이고 소리가 나"

봄

겨울 땅속은
춥고 눅눅한 어둠뿐

다시 겨울 땅속은 어머니
목숨 붙은 어린것들 품고 있는 어머니

햇빛 들지 않는 구석진 자리
지난 폭설의 추위 얼어 있는데
간간이 날리는 눈발에 옷깃 세우고 귀 기울이면

시커먼 어두움에서
새끼손톱만 한 꽃다지 노란색 뽑아내느라
가슴 저릿하게 앓는 소리

불꽃놀이
세상 눈부신 색깔들 다 쏘아올리고 나면
그 눈물겨운 축제 치러내느라
다시 땅속은

춥고 눅눅한 어둠뿐

서러움뿐

반신욕 하는 돌부처

희게 바랜 나발이
오늘은 촉촉하게 가라앉았습니다
눈은 지그시 내려뜨고
입술은 더 이상 할 말이 없는지 다물었습니다
정작 하고 싶은 말은 꿀꺽 삼키는 습관이 생긴 거지요
입꼬리는 살짝 내렸네요
저 미소는 달관의 미소가 아닙니다
쓰디쓴 체념의 미숍니다
깨지고 엎어질 일이 앞으로 또 남았다 해도
어쩔 수 없으리라는 걸 아시거든요
얼굴의 날카롭던 선은 마모되어
두루뭉술 뭉그러졌네요
가슴쯤 영락의 흔적 아직 뚜렷합니다
수인은 지권인입니다
더러 죽음의 문턱도 드나드시더니
이승과 저승을 꿰뚫기도 하나봅니다
온몸에 옷 주름이 섬세하게 새겨져 있지만
특히 배꼽 아래쪽 굵은 주름이 음각으로 깊습니다

‘1922년 5월 9일 경상북도 청도면 이서면 이복돌의 자’
간단한 봉안기입니다
참 오랫동안 힘들었을 맨발이 물에 불어 발그레하네요
새끼발톱이 안쪽으로 구부러져 시커멓습니다

꽃무늬 팬티

이 꽃에게도 이름이 있을 것이다
신부가 들었던 부케도 시간이 지나면 시들겠지만
하얗게 바래 실루엣만 남은 이 꽃에게도
타고난 색깔이 있을 것이다

외출을 앞둔 엄마는 거울 앞에 꽃밭을 펼쳐놓았다
꽃이 하나씩 열리고 닫히는 동안 엄마와 나와 거울과 꽃밭을
지상에서 둥실 밀어올리던 냄새
어깨너머로 들여다보던 거울과 꽃밭 사이
은근한 개화의 시간

우리들 이름은 절대 잊지 말라는 막내딸의 당부에
자식들 이름 하나마다 손가락 접으며 저물어가는 시간
어지러운 눈발 흩날리기 시작했다

속옷만은 내어놓지 않던 엄마의 빨래 속에서
낡고 늘어진 팬티가 나왔다
배꼽 바로 아래쯤

상징처럼 그려진 꽃무늬가
상징처럼 낡았다

엄마

엄마가 잠결에 엄마를 부른다
"어무이"도 아니고 "엄마아아아"
한번 열린 출구로 왈칵왈칵
"엄마아"를 쏟아낸다
엄마는 지금
어디까지 가 있는 것일까
마지막 한 발을 내디디기 직전
있는 힘을 다해 거부하고 있는 것일까
잠자리에 들어서야
이불을 어깨까지 덮고 모로 누워서야
마음 놓고 엄마를 불러보는 것이다
마음 놓고 무섭다고 울어보는 것이다

폭설

조등이 떨어졌다
문득 자줏빛 적막이 의심스럽다
무언가 거대한 것이 내 머리 위를 떠다닌다

지금
이렇게 흔들리는 것을 보면
이렇게 넘치는 것을 보면
당신과 내가 분리되는 마지막 순간

폭설,

이런 날은
하늘로 들기도 좋겠다

사람은 두고

누가
바람 불고 물 흐르는 쪽으로
창을 만드셨나

누가
새는 두고
그림자만 보내시나

저 건너 산 위
누가
젖은 구름 띄워
골 더욱 깊게 하시나

사람은 두고
연잎만 흔드시나

제4부

겨울밤

사람 동네 엿보다
돌아간 산짐승

산 엿보다
돌아간 사람

눈 덮인 골짜기
발자국 두엇

그림자

내 방 몇 발짝 건너편에 버티고 있는
열세 개의 창문이 수직으로 달려 있는
거대하고 시커먼 그것

돈은 모자랐고 빈집은 없었다
난은 꽃대를 올리지 않았고
러브체인 이파리는 말라비틀어지고
항아리 밑에선 곰팡이가 자랐다

나는
현존하는 가장 큰 야행성 동물과 마주쳤다

적금을 붓기 시작했다
내 몸의 깃털을 뽑아 은행 창구에 내밀기도 하고
햇빛을 구걸하러 거리로 나서기도 했다

지구를 받치고 있던 한 축이 꺾어지며
풍경들이 갑자기 넘어졌다

유리로 된 창문 하나가 스윽,
회전하며 열렸을 뿐인데
여태 잠잠하던 벤자민이 일제히 새순을 밀어올렸다

눈

문이 열렸다
말씀이 쏟아진다
받아 적으려고 머리를 조아린다
손바닥에 받은 첫 번째 말씀은 느낌표!
말씀이 말씀 위에 쏟아지고
다시 그 말씀 위에 말씀이 쏟아지고
어디서부터 틀렸다는 건지
매일 다니던 길들을 지운다

알아들을 수가 없어서
그렇다고 귀 닫을 수도 없어서
망설이다가 말줄임표를 찍는다
말줄임표 말줄임표……
천지에 분분한 말줄임표……
배롱나무 잔가지 끝에도 얹힌 말줄임표
바람도 입을 다물었다

씨앗 한 톨

눈부신 세상 첫날
이러한 결별은 예정되었을 터
해독 불능의 문장
끝없이 움직이는 구름 너머
눈물 한 방울 날아와
뚝 떨어지기도 했다
거칠고 차가운 껍질 속에
푸른 수액을 단속하느라
툭툭 터진 발가락쯤
봄 그 이전부터
굵은 나무둥치의 이력을 새긴
단단하고 둥근 한 세계가
떠나간다

문래2동 4가 8번지

문래2동 사무소 가는 길
새파란 페인트 뚝 떨어질 것 같은
〈타이어타운〉 끼고 돌아
〈서울기계〉 지나
〈세종금속〉 지나
〈원통연마〉 지나
쇳가루 두껍게 눌어붙은 바닥에
11월 환한 햇빛 쏟아지는 좁은 길
다닥다닥 겹쳐 있는 허름한 지붕들이
명찰처럼 하나씩 내달고 있는 저
〈남해공업사〉
〈형제금속〉
〈거성공업〉
그리고

나지막이 내려앉은 쉼표 같은
〈군산옥〉—밀물에 하얗게 일어서는 거품이 부글부글 끓
고 있는 가마솥으로 물기 없는 사내들 빨려

들어갔다가 비린내를 풍기며 화들짝 살아
돌아오는—

이열종대로 헤엄치는 물고기들처럼
반짝반짝 펄럭이는 지느러미들 사이로 걸어가면
내게도 꼬리지느러미가 하나 생기려는지
영 엉덩이가 근질거려
저절로 발걸음이 씩씩해진다
두 팔을 힘껏 젓게 된다

인사

꼭 슬픔만은 아니었는데요
아주 그리운 것도 아니었는데요
그냥 안녕히 가시라는 인사였을 건데요
눈물이 저절로 그렇게 흐르데요
술잔이 멈추고
새삼스레 곡소리 이어지데요
뒷산 푸른 대숲 와사사 소리 나게
소나기 한바탕 내리는데요
홍성한 배웅 받으며
당신도 웃고 계시데요
살찐 시냇물 서쪽으로 흘러가는 것
참 후련한지
한없이 가볍게 웃고 계시데요

장미 무덤

날카로운 경계의 기억을 가진
검게 마른 저 가시
잠깐 부풀었다가 잊힌 뒤
오랫동안 풍장의 시간을 견디고 있다

속이 훤히 들여다보이는
둥근 뼈대를 가진 무덤

어린 눈송이
지치지도 않고 기웃거린다
거기 누구 있어요?
거기 누구 있어요?

나르키소스의 샘물가

누구라도
거울 한둘쯤은 갖고 있을 것
좋은 거울이란
나를 착실히 읽어주는 것
어쩌면 내 흉터조차도 짚어주는 것
점점 깊이를 더해가는
구겨진 그림자까지
낯설지 않게 익혀주는 것

또한 좋은 거울이란
가끔씩은 모르는 척하는 것
화장이나 빛의 각도에 따라
잘못 읽기도 하는 것

생의 불꽃같은 접점
넘어설 수도 물러설 수도 없었던
차가운 경계

거울 앞을 떠난 뒤
거울이 나를 읽을 수 없듯이
나 또한 거울을 그리워하지는 않을 것
나르키소스의 샘물가
혼자 남겨진 저물녘을 견디어볼 뿐

머리 자르기

싹둑싹둑 가위질 소리에
내 것이 아니게 되어버린 머리카락이
바닥에 흩어지고
어제도
오늘 아침에도
샴푸로 감고 린스로 헹구고
영양크림을 바르고
열 손가락 곧추세워 다듬던 머리카락이
미용사의 발밑에 밟히다가 쓰레기통에 떨어졌다
언제 사랑한 적이 있었나요
하나도 마음 아프지 않아요
값을 치르고 잘린 머리카락 무게만큼
가벼워진 마음으로 거울을 본다
이젠 정말 끝이라고 냉담하게 돌아서던
그때도 이렇게 가벼웠었지
귀밑이 서늘했었지
조금씩 목을 덮어가는 포근함에 잊어가던
잊고 싶었던

푸르른 계율
욕망처럼 길어진 머리카락
머리카락처럼 질긴 욕망

불꽃놀이

필히 캄캄할 때 사용할 것
눈앞에 벌어진 일을 발설하지 말 것
타인과의 공유는 불가
주의 : 부작용

이런 안내문 아래 누가 자전거를 매어놓았다
열흘이 넘도록 주인은 오지 않는다

안내문만 스무 번도 더 읽고
주변을 백 번도 더 서성이다가 자전거 주인은
이 지구와 북극성 사이 확인되지 않은 틈새에 앉아
심란하게 술잔을 기울이고 있는 거지
한순간에 사라지는 불빛의 중심을 쫓는 일은
저 아득한 북극성을 바라보는 일이라
무서운 거지
들여다보기가 겁이 나는 거지
불이 반짝 켜질 때
눈앞에 잠깐 드러났다가 사라지는 그것

믿어야 되나 말아야 되나
붙잡으려고 손을 허우적거려봐야 되나
보기는 했나
있기는 있었나
부작용에 시달리고 싶지 않은 거지
중독되는 줄도 모르고
자꾸 성냥불 켜대고 싶지 않은 거지
거짓말 같은 그림들만 불러대기는 싫은 거지

냉장고

나는 습관적으로 여행을 해요
실크로드를 타박타박 걸어서 건너기도 하고
아프리카 타악기 리듬에 맞춰 노랗게 다리를 흔들기도 해요
가끔씩은 뭉게구름 둥실 떠 있는 해변으로
사랑하는 사람을 초대하기도 하죠

'낙타를 고르세요
마음에 드는 낙타를 고를 때까지
고비사막은 냉동실에 꽁꽁 얼려두겠습니다'

나는 꿈속에서 언제나 얼음덩어리를 가득 안고 있죠
안전하게 진공 포장된 내 꿈들
가수가 되고 싶던 목소리가 얼어 있어요
춤추던 발이 얼어 있어요
착한 딸이 되고 싶었어요 아버지!
그렇게 갑자기 돌아가시는 법이 어딨어요!
흐느끼면서 꿈에서 돌아온 날은
여행도 꼭 즐겁지만은 않아요

아무도 없는 하늘을 혼자서 날아갈 때도 있거든요

거대한 얼음덩어리를 받치고 서 있느라
짓눌린 다리가 더욱 짧아지긴 했지만
아직 꿈을 하나도 버리지는 못하겠어요
실수로 꿈이 발등에 떨어지고
꿈 때문에 비명을 지르고
한동안 다리를 절고 다닌다 해도
너무 무거워 꿈에서 벗어나지 못한다 해도
끌어안고 있을래요
한밤중 웅웅거리며 뜨거운 울음을 울면서라도

떴다

"떠났다"는 말에
그가 반문한다 "어디로?"

난감하다
차마 "죽었다"는 말은 접어놓고
오랫동안 아팠다는 말
지난밤 잠깐 눈을 뜬 것이 마지막이었다는 말을 한다
짧은 소리가 수화기를 건너온다
"아"

그가 "떴다"는 말에
조용하다

"떠났다"보다 "떴다"가
긴 말보다 짧은 말이 더 빨리 통한다

창밖으로 희끄무레한 서해를 내다보며
"떴다"를 반복하는 동안

갯벌에 앉아 있던 갈매기들 일제히 공중으로 떴다
그리고 떠났다

“떠났다”와 “떴다” 사이에는 얼마큼의 거리가 있나
깃털 하나 떨어뜨릴 만큼?
외투 하나 벗어놓을 만큼?

나와 배롱나무

정말?

다른 종(種)에게 말을 건다는 건
외롭다는 거겠지
말랑말랑한 껍질을 만져보면 다 알아
끊임없이 흐르는 물줄기를
단단히 감싸고 있지만 가끔씩
범람하기도 하나봐
저것 봐
젖어 있잖아
그가 자꾸 나를 쓰다듬어
슬픔까지 전염될 것 같아
같은 종을 이렇게 쓰다듬고 깊이 바라볼 용기가
이 사람에게는 없나봐

정말 배롱나무가 간지럼을 탄다고?

일곱 시의 낮달이

오늘 하루도 잘 살았다
붉은 해 주저앉는
영종도 공항 꼭대기쯤 하늘
희색이 만면이다
하얀 낮달 곁으로
때마침 돌아오는 비행기
누군가
붉어지는 창밖 내다볼 텐데
내다보면서 안으로도 붉어질 텐데
잠시
왜가리 날갯짓 쳐다보는 동안
하늘
깊어지고
이때라는 듯
흐리던 초승달
쟁쟁한 빛 서린다

그뿐이겠어요?

아주 흔들리지 않을 수는 없었어요 그때마다 내 손에 들려 있던 것 내려놓았는데요 쉽지는 않았어요 하나씩 버릴 때마다 떠나지 못하고 주저하기도 했지요 버린다는 것 그건 더 소중한 다른 것을 지키기 위해서였을 건데요 잊었다고 생각했는데 가끔씩 얼굴 없는 누가 울다 가요

금붕어가 죽었어요 사는 게 바빴다는 건 변명이죠 한때 사랑했던 황금빛 지느러미의 기억조차 버리고 거기에 푸른 잎 식물을 옮겨 심었죠

아무것도 모르고 돋아나오는 새잎 너머로 흐린 물결무늬가 남았어요

내가 버린 것이 금붕어뿐이겠어요?

내게 남은 흔적이 물결무늬뿐이겠어요?

해설

마음의 율동
— 안이삭의 시세계

장석주(시인·문학평론가)

1.

나는 블라디미르 나보코프의 소설들과 필립 들레름의 짧은 산문들을 즐겨 읽는다. 나는 날마다 신문을 읽고, 오후에는 햇빛을 쬐며 한가롭게 걷고 유유자적 산책을 한다. 주중에는 거의 책상 앞에 앉아 일하지만 주말이 돌아오면 다른 직장인들과 마찬가지로 나도 쉰다. 일요일 저녁에는 집필실이 있는 서울 서교동 인근의 중국식당을 찾아가 청요리 한 접시를 시켜놓고 청도 맥주를 한 병 마신다. 그것은 육체적 삶의 즐거움을 위해 꼭 필요한 일이다. 가끔은 서울 외곽에 있는 동물원을 찾아가 한나절 동안 기린만을 쳐다보다가 돌아오기도 한다. 목이 긴 기린을 보는 것이 내 안에 채워야 할 어떤 공허함을 없애는지에 대해 나는 잘 알지 못한다. 그럼에도 나는 기린을 바라보면서 삶의 덧없음에 대해 몽상하기를 좋아한다. 나는 기린을 하염없이 바라보면서 나는 누구인가, 나는 어디에서 왔는가, 나는 어디로 가고 있는가에 대해 묻는다. 기린은 내 물음에 대해 답을 하지는 않는다. 기린이 답을 하지 않는다고 해서 내가 기린을 윽박지르거나 따지지는 않는다. 나는 대체로 관대하고 기린을 이해하는 편이다. 나는 마음에 이는 파문들을 글로 옮겨 적는다. 나는 언어가 불완전하고 따라서 마음 한구석에 그것에 대한 불신을 갖고 있지만, 문자 언어로 시를 쓰고, 여러 권의 책을 썼다. 나는 오로지 '나'로서 사유하고 '나'로서 밥 먹고 잠을 잔다. 나는 '나'로서 학교를 가고 회사를 다니며 결혼을 하고 아이를 낳아 기른다. 나로서 사는 것, 즉 삶이란 불명확함과 모호함 속에 감싸인 채 있는 또 다른 '나'의 발명에 지나지 않는다. 나는 '나'의 표상이고 실체다. 나는 하루 동안의 분주한 일과를 마친 뒤 '나'에게로 돌아가는데, 이때 '나'는 나의 피난처다.

'나'는 순수한 자연 상태로 머물 수 있는가? '나'는 사회화 되면서 그 자연 상태로서의 순수함을 잃는다. 만일 그렇지 않은 사람이 있다면 심각한 사회적 부적응증에 시달릴 것이다. 그러니까 사람이 타고난 바 순수성을 잃는 것은 불가피한 사태다. 숲과 강들, 자연 속의 동물들을 바라볼 때 나는 한없이 편안하지만 나는 그 안에서 언제까지 머무를 수 없다. 애초에 나는 자연에 살도록 태어난 인류의 일원이지만, 이제 나는 문명과 사람들의 세계에 더 길들여진 자이기에 나는 사람들의 세계 속으로 돌아가야 한다. 삶이란 사람들의 세계 속에서 이루어지는 것이다. 그럼에도 나는 혼자 있기를 좋아한다. 나는 혼자 있을 때 고독한 적이 없다. 나는 오로지 무리 속에 있을 때만 고독하다. 아마도 그런 면에서 루소와 닮아 있는지도 모른다. "군중들로부터 물러나는 것으로, 다른 곳으로 이동하는 것으로 충분하지 않다. 우리는 우리 자신 안에 들어와 있는 군중적 속성들로부터 물러나야 한다. 우리 자신을 거기서 뽑아내고 다시 찾아와서 붙잡아둬야 한다."고 몽테뉴는 『수상록』에서 썼다. "자신을 자신에게로 다시 데려오고, 끌고 와야 한다." 내 삶을 살기 위해서는 반드시 무리 속에서 나 자신에게로 돌아와야만 한다. '나'는 마음을 가진 존재다. 마음이란 무엇인가? 마음은 느낌과 생각들의 총체가 일어나는 자리다. 마음이 없다면 '나'도 없다. 산다는 것은 마음에서 울려나오는 음악을 들으며 미토콘드리아 단위에서의 무한한 춤이다! 마음은 다양한 변주곡을 만들어내고 그때마다 미토콘드리아 단위에서 일어나는 생명의 춤도 다양하게 바뀐다. 모든 사람의 삶이 다르고, 내 모든 순간들의 삶이 다른 것은 마음이 단 한 번도 똑같은 음악을 들려주는 법이 없기 때문이다. 시란 마음의 율동이고 그 율동이 불러일으키는 신명에 취해 추는 영혼의 춤이 아닐까!

2.

안이삭의 시들은 '나'라는 여성 화자가 겪는 경험들을 조근조근 들려준다. 무엇보다도 중요한 것은 '나'의 있음이다. 그다음으로 있음을 감싸는 가족과 일상과 기물(器物)들과 의례, 나날의 날씨와 기분들이 그 경험의 또 다른 중요한 요소들이다. 시인은 구두나 냉장고와 같은 낯익은 생활 기물들, 태풍·소나기·가을·겨울밤·눈·우기와 같은 계절 변화를 아우르는 기후 조건, 탁족·산책·인사·저녁예불·통성명과 같은 일상의 익숙한 행사들, 연꽃·은행나무·살모사·배롱나무·사철나무·씨앗 따위의 자연물들을 시의 중요한 소재로 삼는다. 여성 화자인 '나'의 범용한 체험과 상상력은 안이삭 시의 가장 익숙한 모습이다. 그의 시적 상상력은 이 범용성의 장력(張力) 안에서만 부푼다. 더러는 그의 시가 건조하게 느껴지는 것도 그 때문이다. 「세실카페 옆 고양이」라는 시는 관찰자의 시점에서 여자의 모습을 묘사하는데, 그것은 외재적 관점에서가 아니라 내면으로부터 사물을 보는 방식이다.

여자가 가진 것은
하얀 벽에 기대어둔 햇빛뿐이다

처음 보았을 때 여자는

벽에 기대 앉아
햇빛의 털을 고르고 있었다
두 번째 보았을 땐
햇빛의 갈비뼈를 퉁기고
햇빛의 발바닥을 핥아주고 있었다
세 번짼 오래된 햇빛을 꺼내어
때 묻은 소매로 닦고 있었다

여자는 자주 웃는다
자주 웃으며 이야기한다
반짝이는 나뭇잎에 귀를 문지르는 여자의 말상대는
햇빛이다

오늘도 여자는 길 위에 있다
지난밤 무슨 일이 있었나
누가 겁 없이
건들거리며 여자의 거처를 침범했나
날카롭고 무거운 노랫소리가
곧장 여자의 무릎으로 떨어져 꽂힌다

세실카페 모퉁이 저 끝에서
훙분한 바람이 펄럭이고 있고

1억 5천만 킬로미터를 달려온 햇빛은
마침내 여자의 머리카락에 닿아
"괜찮다, 괜찮다" 미끄러지고 있다

—「세실카페 옆 고양이」 전문

햇빛과 바람과 여자가 어우러진 이 풍경에서 받는 느낌은 따뜻한 긍정주의와 평화로움이다. 여자는 벽을 기대고 앉아 햇빛의 털을 고르고, 햇빛의 갈비뼈를 퉁기고, 햇빛의 발바닥을 핥아준다. 이 한가로움 속에서 여자와 의인화된 햇빛은 하나의 풍경으로 엉긴다. 여자는 자주 웃는다. 여자는 웃으며 이야기를 한다. 여자의 말상대는 뜻밖에도 햇빛이다. 햇빛의 환함에 물든 마음의 생태를 그려 보이는 것이다. 이 마음의 생태는 자연에 동화된 마음의 생태다. 마음의 생태가 드러내는 것은 자아와 세계가 하나로 녹아든 평화와 창조적인 생명의 스스로 충만됨이다. 그런데 이 시의 3연에서 "오늘도 여자는 길 위에 있다"라는 구절이 이 시를 다소 모호한 것으로 만든다. 여자가 홈리스가 아니라면, 여자는 고양이에 대한 은유라고 짐작된다. 고양이라는 직접적인 언급은 없지만, 제목에 암시되어 있듯이 고양이는 여성적인 것의 총체를 집약하는 하나의 은유다.

화자로서의 '나'를 내세우는 것은 오래된 한국 근대 서정시의 관습이다. 이것이 관습으로 굳어진 것은 한국 근대 서정시를 이끈 김소월 이래의 시인들이 다름 아닌 '나'의 기억과 욕망들에 상상력을 뒤섞어 시를 써왔기 때문이다. 김소월에서 백석과 서정주를 거쳐 윤동주에 이르기까지 우리는 서정시를 개별적 단위로서의 생명체, 즉 '나'의 감정, 느낌, 의식들을 표현하는 행위라는 인식에 길들여져 왔다. 서정시 양식에서의 '나'는 자극에 대한 무의식의 반응으로서의 관습적 적자(嫡子)이기 십상이다. 김우창이 말하는 "문학은 지각과 사유가 서로 부딪치는 공간이다. 문학의 언어는 이 부딪침에서 태어난다."*라는 것을 사실로 전제할 때 서정시의 화자인 '나'는 바로 이 지각과 사유의 주체인 것이다. '나'라는 일인칭 주어를 화자와 시인을 하나의 통합으로 받아들이는 것이 일반적인 관례라고 해서, '나'를 항상 시인 자신인 것으로 받아들여서는 안 된다. 간혹 서정시가 비경험적 진술을 말할 때 '나'는 임의의 화자로 등장하기도 한다. 그러니까 서정시에서의 '나'는 시인 자신의 경험적 진술을 이끌어내는 화자이면서 동시에 허구적이고 익명적인 경험을 이끄는 단순한 화자를 가리키는 것이기도 하다. 안이삭의 경우 '나'는 대개 경험적 진술을 이끄는 자아이며 고백의 주체로서의 시인 자신인 것으로 보인다. 의심할 것 없이 그의 시들에서 대부분의 일인칭 화자들은 자기 고백적이고 생득적 경험의 주체다. 앞서 얘기했듯이 이것은 한국 근대시의 현상이기도 한데, 그의 시가 개별적으로 겪은 사적 체험의 진술에서 확고하며 자기 성찰적인

* 김우창, 『깊은 마음의 생태학』, 김영사, 2014, 153쪽.

경향을 띠는 것은 불가피한 것이다. 안이삭의 시에 등장하는 일인칭 화자를 자아 바깥으로 표현된 자기 정체성의 강력한 기표로 읽는 것은 자연스럽다.

아주 흔들리지 않을 수는 없었어요 그때마다 내 손에 들려 있던 것 내려놓았는데요 쉽지는 않았어요 하나씩 버릴 때마다 떠나지 못하고 주저하기도 했지요 버린다는 것 그건 더 소중한 다른 것을 지키기 위해서였을 건데요 잊었다고 생각했는데 가끔씩 얼굴 없는 누가 울다 가요

금붕어가 죽었어요 사는 게 바빴다는 건 변명이죠 한때 사랑했던 황금빛 지느러미의 기억조차 버리고 거기에 푸른 잎 식물을 옮겨 심었죠

아무것도 모르고 돋아나오는 새잎 너머로 흐린 물결무늬가 남았어요

내가 버린 것이 금붕어뿐이겠어요?

내게 남은 흔적이 물결무늬뿐이겠어요?

—「그뿐이겠어요?」 전문

이 경험의 주체는 시인 자신이다. 금붕어가 죽은 것은 다른 활동에 정신이 팔려 그것을 돌보는 일에 등한했기 때문일 것이다.

죽은 금붕어를 내다버리는 일은 마음의 애착을 끊고 내려놓는 일이다. 내려놓음은 욕망의 포기다. 황금빛 지느러미의 기억이 사라지면서 내게 남은 흔적은 물결무늬 말고 또 무엇이 있는가. 이 자기 고백적 어조는 이 시가 시인의 사적 체험에서 비롯되었다는 암시다. 시인은 흔들림이 생명의 불가피한 현상임을 고백한다. 누구나 삶은 크고 작은 흔들림 속에 이루어진다. 더 소중한 가치를 지키기 위해 덜 중요한 것을 내려놓을 때의 망설임과 주저함이 그 흔들림의 실체일 텐데, 아마도 그것은 마음 안에서 길항하는 두 가치를 두고 겪은 욕망의 부대낌을 말하는 것이리라. 욕망은 더 많은 것들을 쥐려고 하지만, 더러는 쥐고 있던 것들을 하나씩 내려놓는 일도 생긴다. 쥠과 내려놓음의 사이에서 삶은 다양한 사정과 곡절을 만들며 변주되는 것이다. 금붕어가 죽었는데 그 죽음이 나의 방기에서 비롯되었다고 그 책임을 '나'에게 귀속시킬 때 나의 양심 안에서 죄책감이 일어난다. 죽은 금붕어를 내다버린 뒤 어항에 푸른 잎 식물을 옮겨 심고 돋아나오는 새잎에서 흐린 물결무늬가 돋아날 때 그 죄책감은 다시 환기되는 것이다. 이때 "잊었다고 생각했는데, 가끔씩 얼굴 없는 누가 울다 가요"라는 고백이 나오는데, 이는 시인의 반성하고 슬퍼하는 자아의 정체다. 사람은 호모 오렉시스(Homo Orexis)다. 욕망의 존재라는 뜻이다. 욕망은 사람이 원하는 것을 얻고, 삶을 제 의지와 기획 아래로 이끄는 실존의 중요한 동력이다. 욕망은 그 자체로 좋은 것도 나쁜 것도 아니다. 욕망은 살아 있음의 증거이고, 그 살아 있음의 연속성을 지탱하기 위해 불가피한 것이다. 마음에서 일어나는 그 욕망의 부침(浮沈)에 대해 담담하게 관조하는 시가 「그뿐이겠어요?」라는 시다. 담담함은 안이삭 시의 큰 매력이다. 담담함 속에서 사물의 변화와 질서를 눈여겨보고, 그 의미를 조용히 짚어본다. 그것은 과장과 호들갑을 멀리 하려는 시인 자신의 성정이고 인격의 일면을 이루는 지각적 균형의 표현이기도 할 것이다. 「그뿐이겠어요?」는 금붕어의 죽음이 불러일으킨 마음의 파문에 대해 적는다.

3.

시를 쓴다는 것은 무엇인가? 하이데거에 따르면, 시 쓰기는 "진리를 환히 밝히는 기투의 한 방식"*이다. 시 쓰기를 "기투하는 말함", 즉 세계와 대지를 은폐적인 차원에서 비은폐적인 차원으로 끌어내 그것에 언어적 형상을 부여하는 것이라면, 아마도 "포에지는 언어 속에서 스스로 생기"**하는 것이라고 말할 수 있다. 언어 스스로 생기(生起)하는 것, 그것이 바로 시다. 하이데거는 이렇게 부연 설명하고 있다. "언어가 처음으로 존재자를 부름으로써, 이러한 부름(Nennen)이 존재자를 비로소 낱말로

---

* 하이데거, 『숲길』, 신상희 옮김, 나남, 2008, 106쪽.
** 하이데거, 앞의 책, 107쪽.

가져오면서 나타나게 한다. 이러한 부름이 존재로부터 존재자를 자신의 존재로 불러낸다(ernennen). 이러한 말함(Sanen)은 [환히 밝히는] 밝힘(das Lichten)을 기투하는 하나의 행위인데, 거기에서 존재자가 무엇으로서 열린 장 안으로 들어오는지가 알려지며—말해진다(ansagen). '기투한다'는 것은, 그런 것으로서 비은폐성이 존재자로서의 존재자 속으로 자신을 보내오는 일종의 던짐(Wurf)을 풀어내는 행위(Auslösen)이다. 이런 동시에 '기투하며 알리는—말함'(das entwerfende Ansagen)은 그 안에서 존재자가 자신을 감추며 물러서는 그런 모든 침침한 혼란을 거부하기(Absage)에 이른다."* 시를 쓰는 자들은 자신을 탈취하여, 혹은 호명하여 언어의 세계 속으로 밀어 넣는다. 물론 이것은 아무런 강압도 없는, 자발적인 행위이다. 그렇게 하는 까닭은 "'작품에 의해 열려진 곳' 속으로 우리 자신을 밀어 넣는 한에서만, 그리하여 우리의 본질 자체가 존재자의 진리 속에서 있게 되는 한에서만, 작품은 하나의 작품으로서 현실적으로 존재하기 때문이다."** 시는 대상에 대한 인지행위가 아니라 대상을 바깥으로 드러내는 산출행위이다. 자, 시 한 편을 보자.

사람 동네 엿보다

---

* 하이데거, 앞의 책, 107쪽.
** 하이데거, 앞의 책, 109쪽.

돌아간 산짐승

산 엿보다
돌아간 사람

눈 덮인 골짜기
발자국 두엇

—「겨울밤」 전문

'엿봄'은 대상에의 주시, 즉 바라봄의 한 형태다. 대상을 바라본다는 것은 대상으로의 삼투를 뜻한다. 눈이 보는 것은 욕망하는 대상이다. 본다는 행위가 능동적일 때 그것은 대상을 향한 시선의 침투다. 바라보는 시선과 바라보이는 대상은 결국 상호삼투하며 "느낌—느껴짐의 불꽃"*으로 타오른다. 시선의 주체는 바라보이는 대상을 잠재적으로 지배한다. 사람 동네를 엿보다 돌아가는 산짐승이란 무엇인가? 산과 산짐승은 인간 앞에 놓인 것, 즉 그 자체로 자연이다. "자연은 인간의 '앞에—세움'을 통해 인간 앞에 놓이게 된다. 인간은 대상적인 것 전체로서의 세계를 자기 앞에 세우고 자기 자신을 세계 앞에 세운

* 메를로 퐁티, 『눈과 마음』, 김정아 옮김, 마음산책, 2008, 43쪽.
** 하이데거, 앞의 책, 422쪽.

다."** 이 '겨울밤'이 드러내는 것은 바로 사람과 자연이 상호적이라는 시적 진리의 계시적 순간이다. 이 환한 밝힘이 공감적 이해의 지평을 여는데, 그 속에서 사람 동네/산, 그리고 산짐승/사람의 관계는 상호연기(相互緣起)로 확연하게 드러난다. 산짐승은 사람 동네를 엿보고, 사람은 산을 엿본다. 이렇듯 두 대상은 엿봄이라는 행위를 통해 상호연기 되는 것이다.

장엄한 노을 물러가고
오솔길 끝에 별이 총총 걸렸더니
깜빡 잠든 사이
무섭게 비 들이치는 소리
뒷산 나무들 누구에게 머리채를 잡혔는지
이 앙다물고 내둘리는 소리
저녁 내 발밑에서 자근자근 부드럽던 흙들
놀라 퉁겨져 오르는 소리

생가지 뚝뚝 부러지겠네
낮에 본 동백 다 떨어지겠네
산 아래 길 지워지겠네
이불 덮고 누운
세상에 단 하나뿐인 방
아무 데도 못가고

저 비 그칠 때까지 기다리다가
색 바랜 탱화처럼 발 묶이겠네

—「산에서 잠들다」 전문

동사들의 군무(群舞)를 보여주는 시다. 동사를 이끄는 주체는 세계를 구성하는 살아 움직이는 존재다. 「산에서 잠들다」에서도 일인칭 화자인 '나'는 시인 자신으로 보인다. '나'는 "세상에 단 하나뿐인 방"에 누워서 동사들이 어울려 만드는 화음에 귀를 기울인다. '나'는 "색 바랜 탱화"와 같이 일체의 움직임을 정지한 채 잠들기를 기다리는 것인데, "아무 데도 못가고" 그냥 잠드는 것이 어쩐지 아쉽다. 물러가고, 들이치고, 내둘리고, 퉁겨져 오르고, 부리지고, 떨어지고, 지워지고……와 같은 동사들이 쉼 없이 출현하며 움직임의 교향악을 들려준다. 세계는 한시도 가만히 있지 않고 움직임 속에 있다. 이 시의 동사들은 자연의 세계에서 일어나는 변화의 역동성을 계시한다. '나'의 마음이 아직 그 만물의 움직임과 하나가 되어 우주적 화음을 이루는데, 그 전체에서 한 조각으로 떨어져 나와서도 그 움직임은 그치지 않는다. 움직이는 것은 노을, 비, 나무들, 흙들, 생가지, 동백, 길 따위다. 그것들의 움직임은 마음에 들어와 마음을 진동시킨다. 그 명사들이 지시하는 대상들 자체가 중요한 게 아니라 그것들의 움직임이 만들어내는 율동이 먼저 마음을 울린다.

같이 부서지자고
곤두박질치는 한이 있어도
높이 한번 솟구쳐보자고
끊임없이 유혹하는

그대
오늘도 돌아서라 그리고
거부당한 노여움으로
다시 부딪쳐오라

—「섬」 전문

또 다른 시편에서 보여주는 동사적 활용의 예를 보자. 시인의 상상력은 섬의 부동성과 그 부동성에 한사코 부딪치는 파도의 관계를 통해 나와 너, 주체와 객체 사이의 관계에 대한 사유로 확장, 변전하는데, 이때 서정시의 화자인 '나'는 시의 문면 너머로 숨는다. 익명적 자아인 또 다른 '나'를 등장시키는 대신에 화자를 숨기는 것은 이것이 시인의 경험적 진술이 아니기 때문이다. '섬'은 '나'에 대응하는 주체라면. 파도는 섬의 부동성에 끊임없이 부딪치며 유혹하는 타자다. 부서지자고, 솟구쳐보자고 유혹하는 타자를 숨은 '나'는 마음으로 받아들이지 못한다. '나'는 유혹자인 타자에게 돌아서라고, 그리고 다시 부딪쳐오라고 명령한다. 이 시는 철저하게 '나'를 숨긴 채 관찰자적 시점에서 주체와 객체가 어우러져 만드는 내면의 변증법적 드라마를 쓰고 있다. 외부의 유혹에도 끄떡없는 '섬'은 주체의 마음을 붙박이로 만든 부동성을 거울처럼 되비춘다. 더러는 그 부동성이 억압으로 느껴져 그것을 벗어나고자 하는 마음이 일지 않는 것도 아니리라. 그런 사정에 겹쳐보면 이 시의 숨은 주체가 억압된 주체를 바깥으로 끌어내기 위한 하나의 수단으로 "다시 부딪쳐오라"고 요청하고 있는 것인지도 모른다.

4.

안이삭 시는 크고 거창한 것들의 권세와 영광보다는 작고 하찮은 것들, 작은 경험들을 자세히 들여다보고 그 안에서 시적 상징과 은유를 찾아내려고 한다. 책상 서랍 속에서 말라비틀어진 귤껍질이나 미용실의 바닥으로 떨어지는 한 줌의 잘린 머리카락에 예민하게 반응하는 것은 조촐한 것에서 의미를 찾으려는 마음의 겸손한 생태를 드러낸다.

> 서랍 밑바닥에서 나온,
> 오래되어 파삭거리는,
> 접혀진 부분이 잘 펴지지 않는,
> 겨우 형태를 유지하고 있는,

한때 물의 성이었다
톡톡 터지면서 이빨 사이에 박히던 문장과
발자국마다 웅덩이가 패던 설렘 위로
우체국 소인이 새파랗다

배꼽 간지러운 봄날
햇볕이 닿은 자리마다 터지던 귤꽃

껍질은
사라진 알맹이에게로 순간이동 하는 통로

—「귤껍질」 전문

시는 없는 것을 쓰는 게 아니라 이미 있는 것의 발견이다. 이미 있는 것으로서 은닉되어 있던 존재의 계시인 것이다. "서랍 밑바닥"에 숨어 있던 귤껍질이 시의 촉매가 될 수 있는 것은 이 마르고 비틀린 사물이 존재의 죽음과 고갈에 대한 훌륭한 증언이고 유의미한 표상이기 때문이다. 시인은 메마른 채 방기된 귤껍질의 내력을 추적한다. "한때 물의 성"이었고, 시간을 더 거슬러 올라가면 "터지던 귤꽃"이던 이것. 흐르는 시간이 귤이 품고 있던 물을 남김없이 앗아갔다. 그리고 귤껍질은 세계 저편에 내던져진 채 메말라가고 있었던 것이다. 이 잊힌 사물을, 이 은폐된 대상을 찾아내고 그것에 언어적 표상을 입힌 것이 바로 시인이다.

싹둑싹둑 가위질 소리에
내 것이 아니게 되어버린 머리카락이
바닥에 흩어지고
어제도
오늘 아침에도
샴푸로 감고 린스로 헹구고
영양크림을 바르고
열 손가락 곧추세워 다듬던 머리카락이
미용사의 발밑에 밟히다가 쓰레기통에 떨어졌다
언제 사랑한 적이 있었나요
하나도 마음 아프지 않아요
값을 치르고 잘린 머리카락 무게만큼
가벼워진 마음으로 거울을 본다
이젠 정말 끝이라고 냉담하게 돌아서던
그때도 이렇게 가벼웠었지
귀밑이 서늘했었지
조금씩 목을 덮어가는 포근함에 잊어가던
잊고 싶었던
푸르른 계율
욕망처럼 길어진 머리카락
머리카락처럼 질긴 욕망

—「머리 자르기」 전문

「머리 자르기」는 자란 머리카락을 미용실에서 자른 경험을 들려준다. 자라난 머리카락이란 무엇인가? 그것은 불필요한 넘쳐남, 생명현상의 과잉, 즉 존재의 잉여일 따름이다. 손톱이나 발톱, 머리카락 따위는 생물학적 필요 이상으로 자라날 때 이 과잉은 이미 생명이 사상된 주검의 징후다. 과잉된 것은 신체를 공격한다. 그것은 찌르고, 파고들며, 곪게 만든다.

블라디미르 나보코프는 그의 미완성 유고에 이런 문장을 남기고 있다. "살을 파고드는 발톱 밑으로 날카로운 가위를 들이밀어 그 성가신 모서리를 싹둑 잘라내는 기쁨, 게다가 그 아래서 피가 흐르는 호박색 농양을 찾아내며 더해지는 황홀경은 얄궂은 그 통증을 잊게 한다."*

머리카락은 가위질에 의해 잘려나가고, "바닥에 흩어진다." 이 흩어짐은 더 이상 아무 뜻도 머금지 못한다. 내 존재의 일부였던 머리카락은 잘라져서 버림받는 순간 나의 존재성과는 무관하게 사물화되는 것이다. 쓰레기로 전락한다는 뜻이다. 시인은 잘린 머리카락에서 이미 용도폐기된 욕망을 본다. 한때 그 무엇이었던 것이 아무것도 아님으로, 즉 의미에서 무의미로 바뀌는 것은 흔히 있는 일이다.

그러나 궁핍한 시대의 시인이란 시대를 거스르며 외롭게 무의미에서 의미로 나아가고자 하는 자들이 아닐까? 라이너 마리아

* 블라디미르 나보코프, 『오리지널 오브 로라』, 김윤하 옮김, 문학동네, 2014, 114쪽.

릴케가 썼듯이, 불모의 현실 속에 한 줌의 희망을 수혈하기 위해 "……다만 우리는/식물이나 동물보다 그 이상으로/이런 모험과 함께 나아가고, 그 모험을 의욕하면서……" 나가는 자가 아니던가?

이 도서의 국립중앙도서관 출판시도서목록(CIP)은 서지정보유통지원시스템 홈페이지 (http://seoji.nl.go.kr)와 국가자료공동목록시스템(http://www.nl.go.kr/kolisnet)에서 이용하실 수 있습니다. (CIP제어번호: CIP2014018832)

시인동네 시인선 015

한 물고기가 한 사람을 바라보는 오후

초판 1쇄 인쇄 2014년 6월 30일
초판 1쇄 발행 2014년 7월 6일
지은이 안이삭
펴낸이 김석봉
책임편집 이현호
디자인 조동욱
펴낸곳 문학의전당
출판등록 제311-2012-000043호
주소 서울시 은평구 연서로11길 7-5 401호
편집실 서울시 마포구 마포대로 127, 413호(공덕동, 풍림VIP빌딩)
전화 02-852-1977
팩스 02-852-1978
블로그 http://blog.naver.com/mhjd2003
전자우편 sbpoem@naver.com

ISBN 978-89-98096-83-0 03810